yī

1.

one

sān

三

three

sì

4.

four

wǔ

五

five

liù

six

 qī

seven

eight

jiǔ

nine

shí

ten

十一

shíyī

eleven

十二

shí'èr

12

twelve

十三

shísān

13

thirteen

十四

shísì

14

fourteen

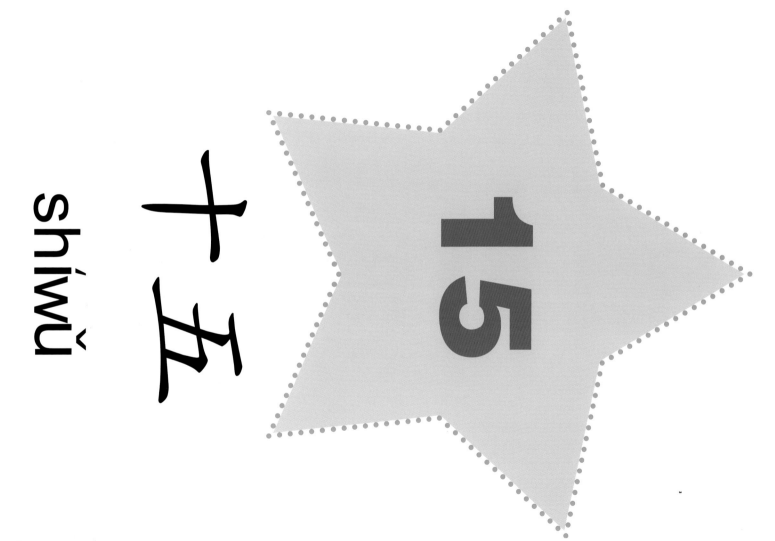

十五

shíwǔ

fifteen

沙发

shāfā

sofa

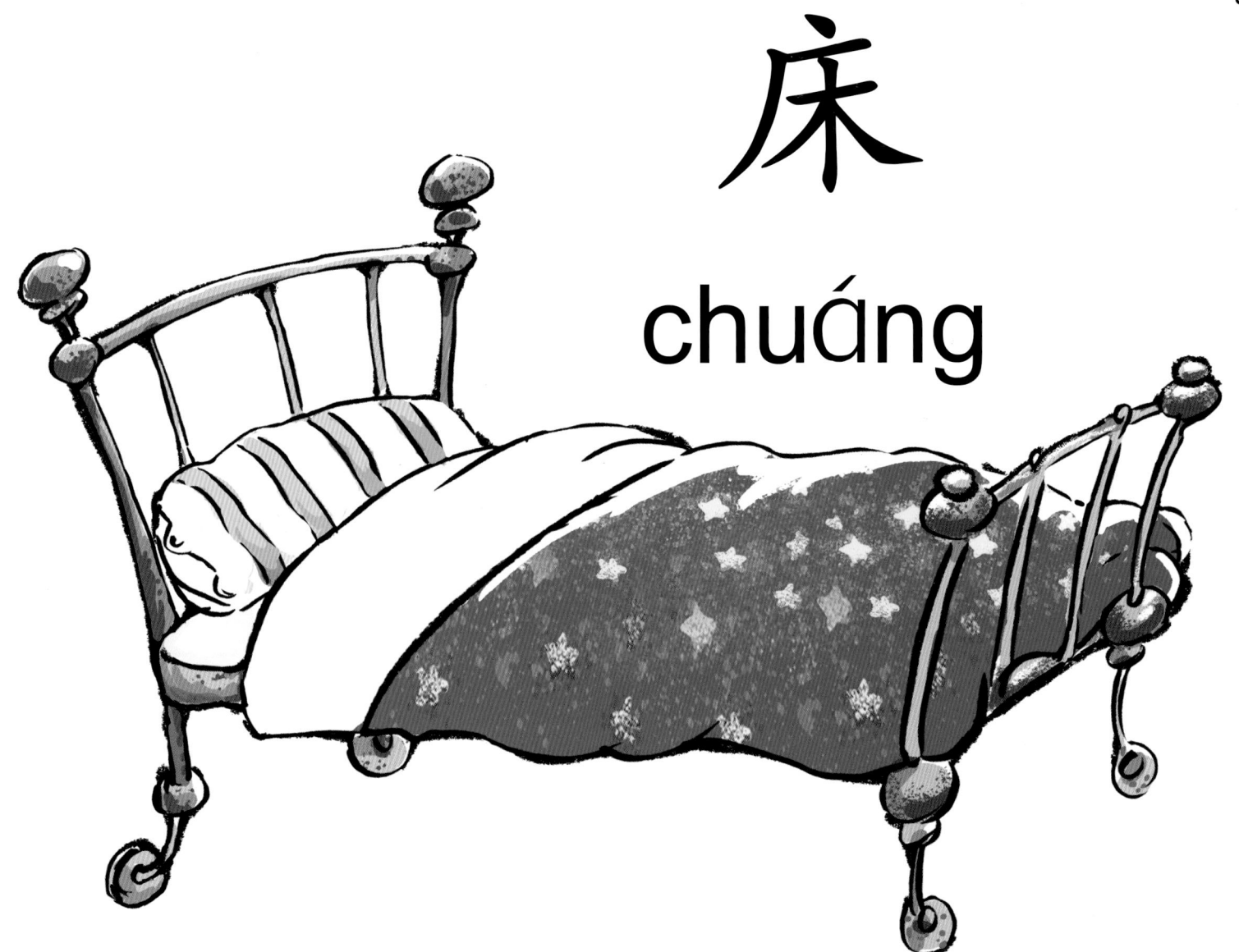

床

chuáng

bed

灯

dēng

lamp

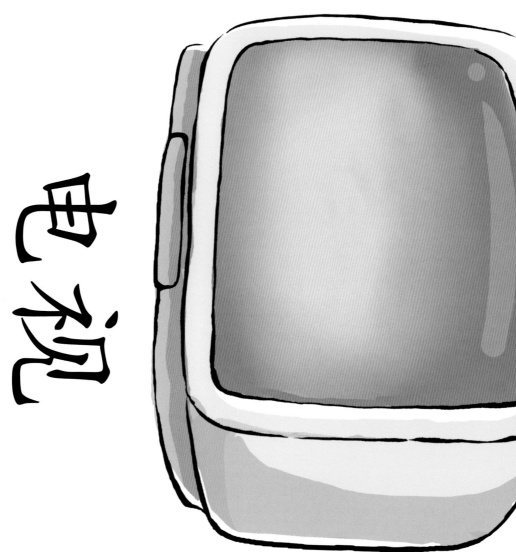

电视

diànshì

TV set

桌子

zhuōzi

table

椅子

yǐzi

chair

坐

zuò

sit down

举手

jǔ shǒu

put up your

hand

看

kàn

look

40.

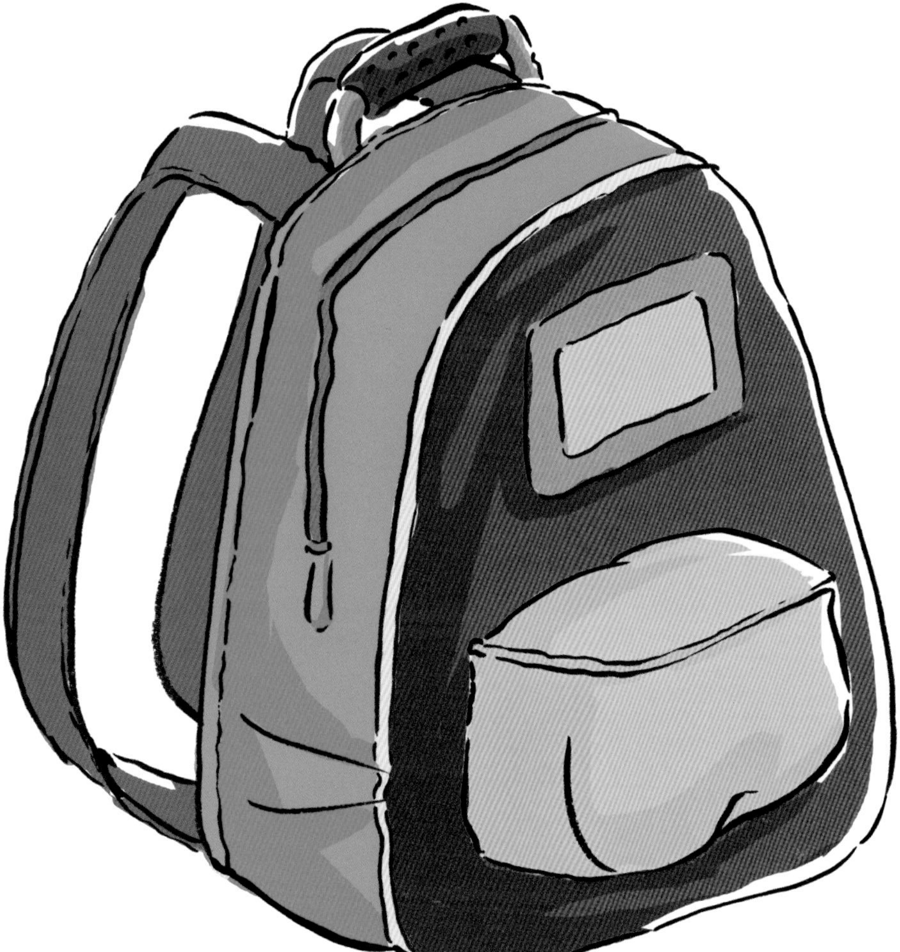

书包

shūbāo

schoolbag

笔

bǐ

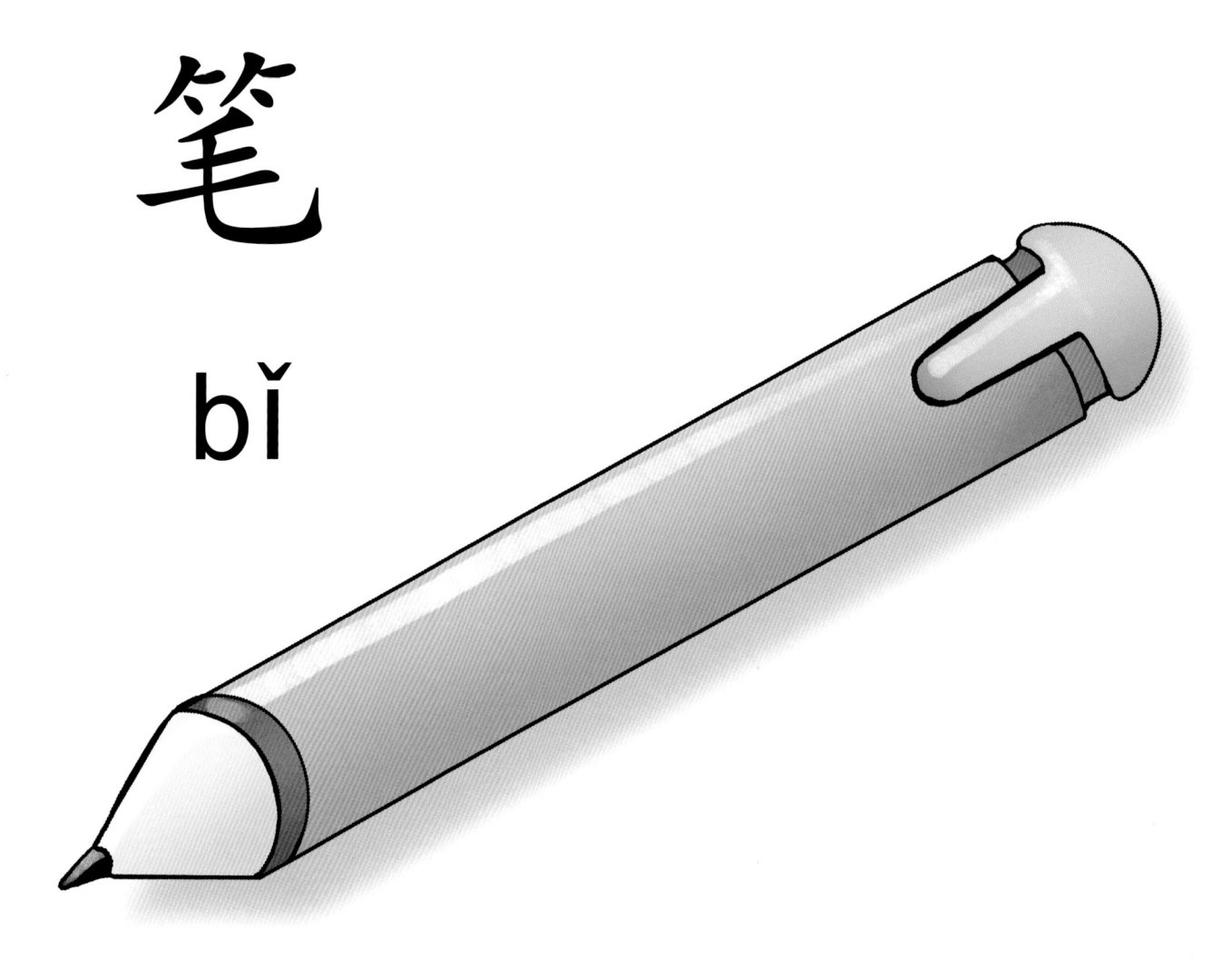

pencil

本子

běnzi

notebook

中国民间故事

书

shū

book

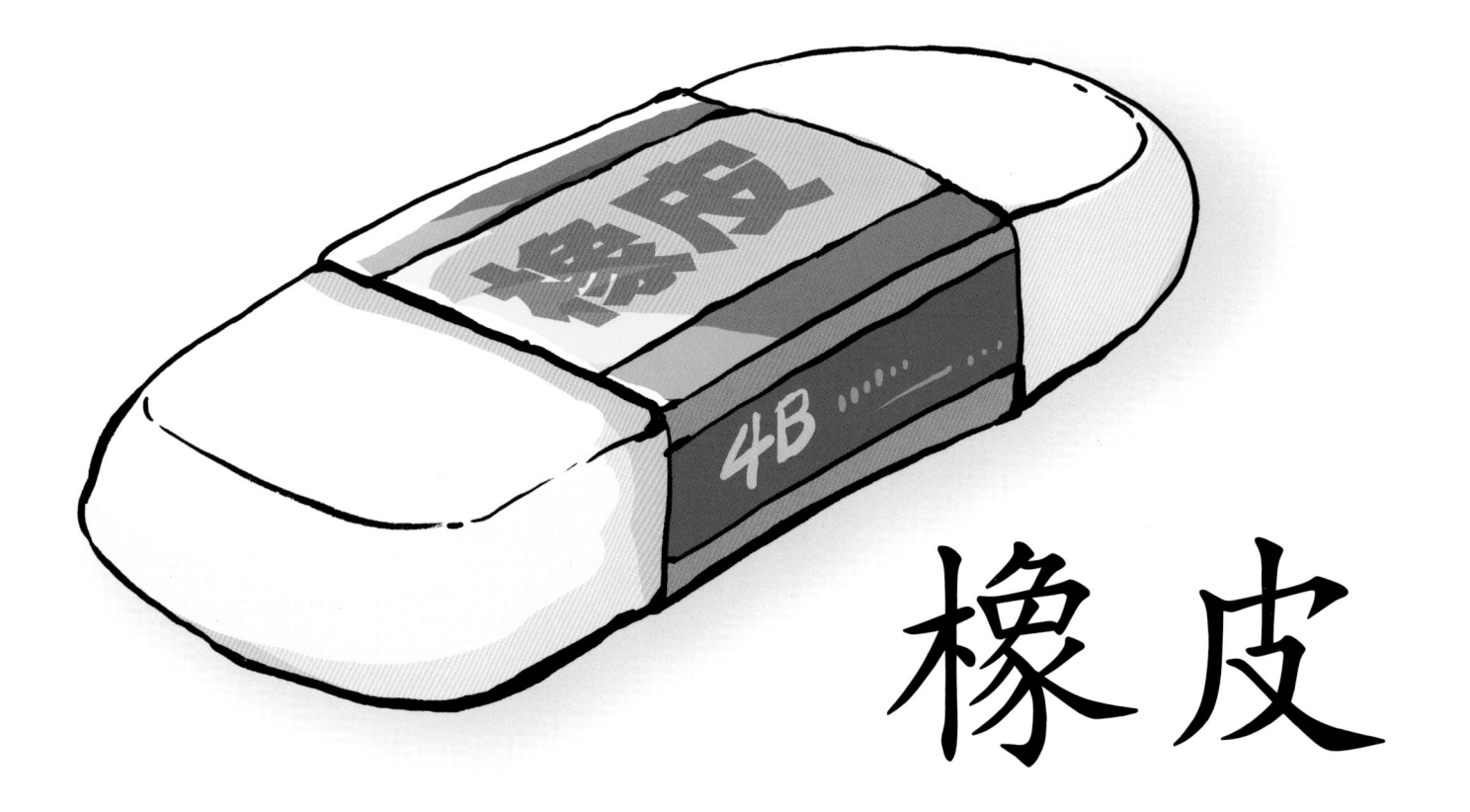

橡皮

xiàngpí

rubber

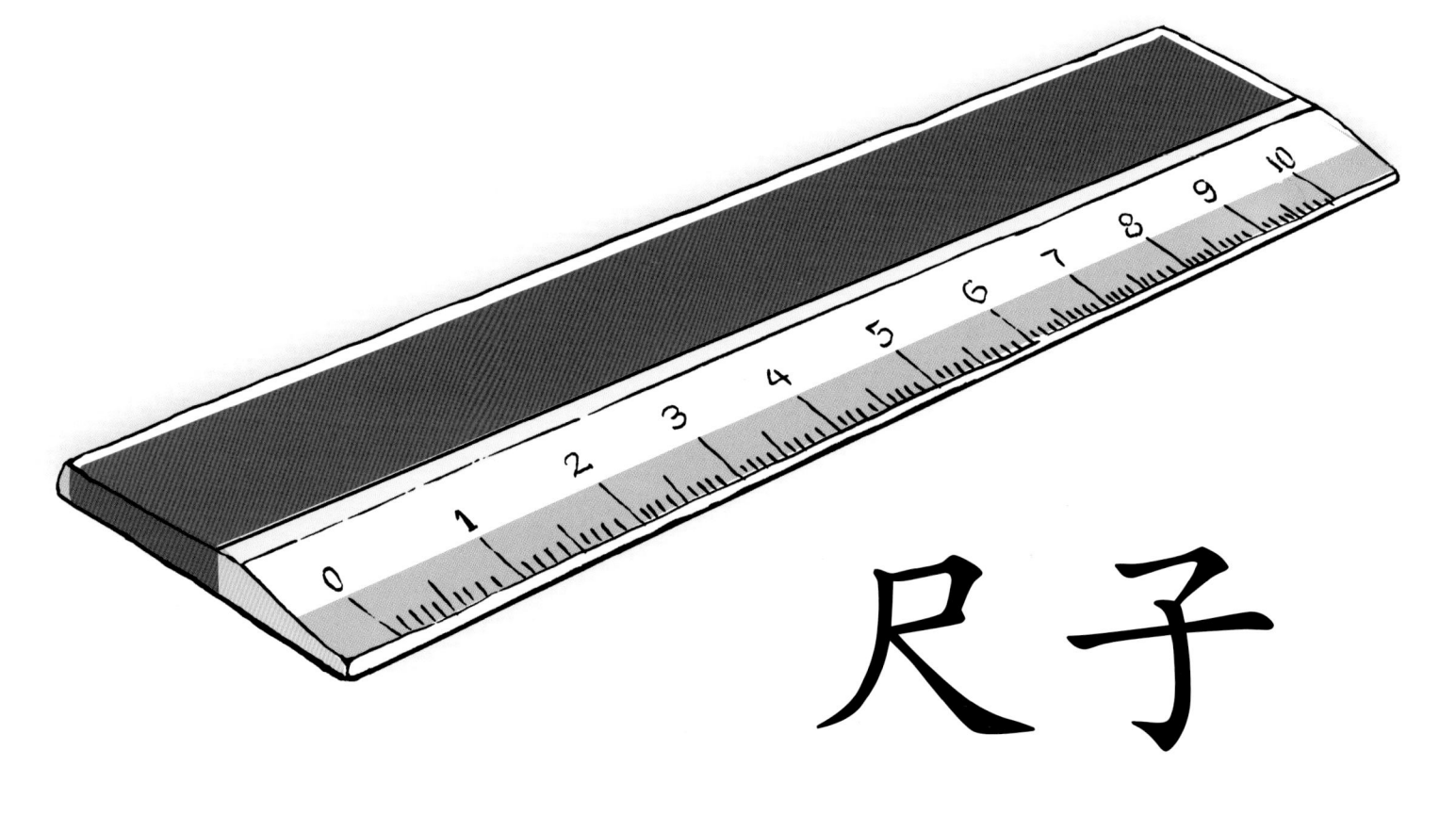

尺子

chǐzi

ruler

饺子

jiǎozi

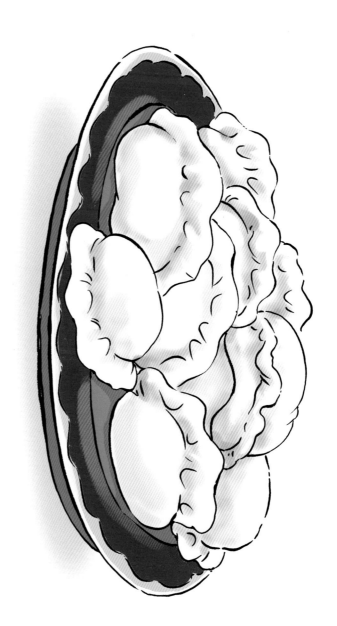

dumplings

米饭
mǐfàn

rice

面条

miàntiáo

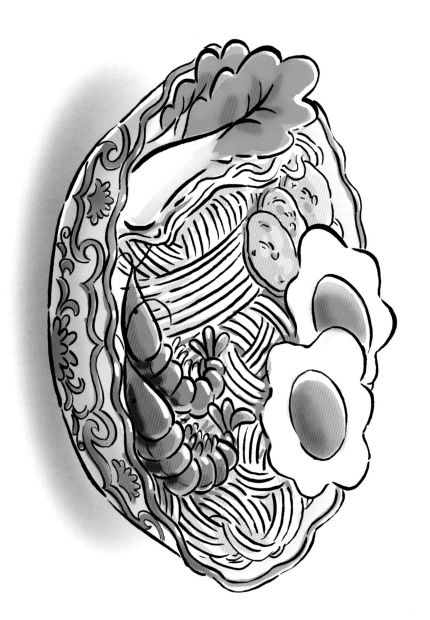

noodles

春卷

chūnjuǎn

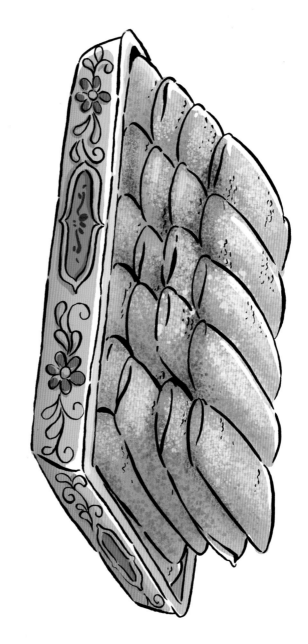

spring rolls